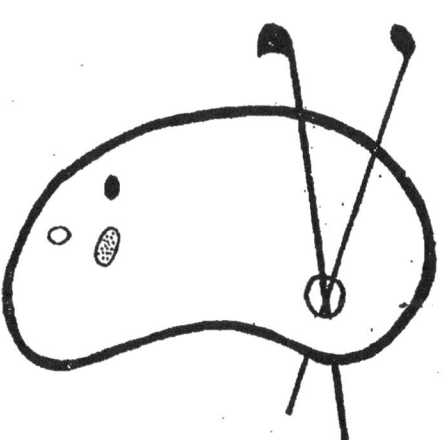

DEBUT D'UNE SERIE DE DOCUMENTS
EN COULEUR

CATALOGUE

D'UNE

COLLECTION

D'OBJETS D'ART

ET

DE CURIOSITÉS

Tels que

Faïences des diverses fabriques italiennes des XVe et XVIe siècles,

Verreries vénitiennes et allemandes, Faïences de Bernard de Palissy; Grès de Flandres; Émaux de Limoges, vénitiens et de Chine; Vitraux Suisses, vases, coupes et ustensiles divers de style arabe, en cuivre gravé et incrustés d'argent; Ivoires et bois sculptés; Terres cuites de *Clodion;* Objets en argent repoussé; Tabatières en or émaillé, Objets en matières précieuses, telles que cristal de roche, agate orientale et marbres antiques; Objets orientaux, laques du Japon, porcelaines de Chine laquées et burgautées; *quelques belles Armes orientales en damas,* etc.

DONT LA VENTE AURA LIEU

HOTEL DES COMMISSAIRES PRISEURS
Rue Drouot, n° 5
SALLE N° 3

Les Mercredi 21, Jeudi 22 et Vendredi 23 Janvier 1857,

heure de midi.

Par le ministère de Me **CHARLES PILLET**, C^{re}-Priseur,
Successeur de M. BONNEFONS DE LAVIALLE,
rue de Choiseul, 11,

Assisté de M. **ROUSSEL**, Expert, rue Neuve de l'Université, 5.

EXPOSITION PUBLIQUE

Le Mardi 20 Janvier 1857, de midi à quatre heures.

1857.

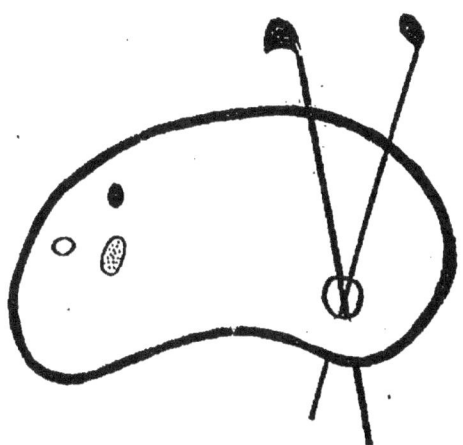

FIN D'UNE SERIE DE DOCUMENTS
EN COULEUR

CATALOGUE

D'UNE

COLLECTION

D'OBJETS D'ART

ET

DE CURIOSITÉS

Tels que

Faiences des diverses fabriques italiennes des XVᵉ et XVIᵉ siècles,

Verreries vénitiennes et allemandes, Faïences de Bernard de Palissy; Grès de Flandres; Émaux de Limoges, vénitiens et de Chine; Vitraux Suisses, vases, coupes et ustensiles divers de style arabe, en cuivre gravé et incrustés d'argent; Ivoires et bois sculptés; Terres cuites de *Clodion;* Objets en argent repoussé; Tabatières en or émaillé, Objets en matières précieuses, telles que cristal de roche, agate orientale et marbres antiques; Objets orientaux, laques du Japon, porcelaines de Chine laquées et burgautées; *quelques belles Armes orientales en damas,* etc.

DONT LA VENTE AURA LIEU

HOTEL DES COMMISSAIRES PRISEURS

Rue Drouot, nº 5

SALLE Nº 3,

Les Mercredi 21, Jeudi 22 et Vendredi 23 Janvier 1857,

heure de midi.

Par le ministère de Mᵉ **CHARLES PILLET**, Cʳᵉ-Priseur,
Successeur de M. BONNEFONS DE LAVIALLE,
rue de Choiseul, 11,

Assisté de M. **ROUSSEL**, Expert, rue Neuve de l'Université, 5.

EXPOSITION PUBLIQUE

Le Mardi 20 Janvier 1857, de midi à quatre heures.

1857.

CONDITIONS DE LA VENTE

Elle sera faite au comptant.

Les acquéreurs payeront en sus des adjudications, cinq centimes par franc applicables aux frais.

DÉSIGNATION

DES OBJETS.

FAYENCES ITALIENNES.

1 — Grand plat à ombilic. La peinture représente Diane et ses nymphes surprises au bain par Actéon. Ce prince est représenté en costume de chasseur du XVIe siècle. Diam., 40 c.

Fabrique de Faenza; au revers est une signature d'artiste.

2 — Grand plat rond dont la peinture représente deux épisodes de la vie de Joseph et de Putiphar. Au bas du sujet on lit : FELIX QVI POTVIT GRAVIS TERRE ROMPERE VINCVLA. Au revers on lit la date de M. D. XXXVII, une inscription, et *Fra xâto da Rovigo*. Diam., 45 c.

3 — Grand plat. Le sujet représente des prisonniers amenés devant César. Au revers une inscription indique le sujet. Diam., 45 c.

4 — Grand plat creux. Au centre des génies soutiennent un écusson armorié; le bord est décoré de fleurs et de feuillages. Diam., 45 c.

5 — Plat rond dont le centre creux offre un amour tenant un arc et une flèche; le large bord est décoré de trophées d'armes sur fond bleu, rehaussés d'émaux à reflets rouge feu très-vifs. Fabrique de Gubbio. Diam., 35 c.

6 — Grand plat décoré d'ornements en grisaille sur fond brun. Diam., 50 c.

7 — Aiguière et son plat à ombilic. Le décor jaunâtre, rehaussé de bleu, est à reflets métalliques irisés. Fabrique de Pesaro. Haut. de l'aiguière, 21 c.; diam. du plat, 32 c.

8 — Moyen plat creux à ornements en relief. Au centre l'enfant Jésus portant la croix, émail à reflets métalliques très-vifs. Fabrique de Gubbio. Diam., 25 c.

9 — Moyen plat creux avec ornements de fleurs et feuillage en relief, au centre une croix et le monogramme du Christ. Bel émail à reflets rouge feu et irisés. Fabrique de Gubbio. Diam., 27 c.

10 — Corbeille à jour émaillée en jaune. Au fond un jeune garçon tenant un bouclier. Diam., 26 c.

10 *bis*. — Plaque circulaire, représentant saint Bonaventure, saint François et saint Louis en pied. Au pourtour une légende indique les noms des personnages avec la date M. CCCCCL. Aug. XXX. Fabrique d'Urbino.

1, - Plat rond décoré d'arabesques, grisaille sur fond bleu, avec date de 1533. Fabrique de Faenza. Diam., 28 c.

12 — Joli plat peu profond. Au centre une armoirie sur fond gris; le large bord est décoré d'arabesques en grisaille sur fond bleu, avec date de 1523. Fabrique de Faenza. Diam., 28 c.

13 — Moyen plat creux décoré d'arabesques fantastiques sur fond blanc. Fabrique d'Urbino. Diam., 29 c.

14 — Petite coupe festonnée à piédouche. Au centre, sur fond jaune, un Amour et autour des trophées d'armes sur fond bleu. Fabrique d'Urbino. Diam., 20 c.

15 — Petit plat dont le sujet représente la naissance des enfants de Léda en présence de cette princesse et de Jupiter. Peinture d'un bon dessin et d'un bel émail. Fabrique d'Urbino. Diam., 23 c.

16 — Petit plat. La peinture représente l'Adoration des bergers. Fabrique d'Urbino. Diam., 25 c.

17 — Coupe à piédouche représentant Alexandre le Grand et Diogène. Fabrique d'Urbino. Au revers une inscription indique le sujet, avec la date de 1545. Diam., 26 c.

18 — Plat creux représentant la naissance d'Adonis. Au revers une inscription indique le sujet. Fabrique d'Urbino. Diam., 27 c.

19 — Deux vases de formes cylindriques, sur l'un Apollon et Daphné, sur l'autre Diane et Calisto. Haut., 28 c.

20 — Gourde de forme aplatie, ayant deux petites anses formées par des serpents et des mufles de lion. Elle est décorée de fleurs et d'arabesques; sur chaque face de la panse deux enfants tenant des coupes supportent un médaillon. Haut., 30 c.

21 — Autre bouteille de même forme, décorée de fleurs et d'oiseaux. Haut., 30 c.

22 — Deux petits plats de la fabrique de Gubbio. ~~Au milieu la Sainte Famille, et au bas une inscription. Plus un plat fracturé dans un cadre noir.~~
L'un, décoré d'imbrications, offre au centre l'Agneau pascal. L'autre, à ornements en relief, porte au centre le double aigle d'Autriche. Émail à reflets rouges. Diam., 21 c.

23 — Petit plat. Belle peinture représentant le triomphe de Galatée entourée de tritons et de naïades. Au-dessus du sujet est un écusson armorié; au revers la date de 1542, et une inscription indiquant le sujet. Diam., 27 c.

24 — Plateau à piédouche décoré d'arabesques fantastiques en grisaille, faisant relief et rechampies de bleu. Diam., 27 c.

25 — Plat moyen offrant le sujet de Lucrèce et Tarquin, par Xanto. Diam., 26 c.

26 — Trois vases de pharmacie décorés de divers sujets, dont un représente la naissance d'Ève. Haut., 20 c.

27 — Deux autres vases de même forme, également décorés de sujets variés. Haut., 18 c.

28 — Quatre autres vases plus petits, décorés de sujets variés. Haut., 13 c.

29 — Vase forme conque décoré de paysages. Haut., 13 c.

30 — Petit plat dont la peinture offre le sujet de Jupiter transformé en berger. Diam., 25 c.

31 — Plat creux offrant le sujet de Latone et ses deux enfants, et les importuns paysans changés en grenouilles. Diam., 30 c.

32 — Deux moyens plats. Les peintures représentent, l'une Tobie, son fils et l'ange Raphaël. Diam., 27 c. — L'autre Tobie rendu aveugle par la fiente d'hirondelles. Diam., 27 c.

33 — Plat creux dont la peinture représente Josué vainqueur des cinq Rois. Les trois plats que nous venons de décrire doivent être attribués à *Oratio Fontana*. Diam., 27 c.

34 — Aiguière dont le goulot est formé par un mufle de lion et l'anse par une figure renversée; la panse est ornée d'arabesques de deux petits bustes. Haut., 26 c.

35 — Autre aiguière. Le goulot est formé par un mascaron et l'anse par un dauphin; sur la panse cannelée sont deux écussons armoriés et la date 1619. Haut., 25 c.

36 — Grand plat de style moresque dont le décor, légèrement en relief offre au milieu un oiseau. Bel émail à reflets métalliques rougeâtres, rehaussés de bleu sur fond blanc. Diam., 45 c.

37 — Grand plat à ombilic portant un blason. Décor de style moresque à reflets métalliques jaunes. Diam., 47.

38 — Grand plat à ombilic. Décor de fleurs en couleur et or sur fond brun noirâtre; au milieu le buste de Diane. Diam., 41 c.

39 — Deux plats décorés de fleurs. L'un offre au centre un lion; l'autre un blason. Diam., 40 c.

40 — Grand plat de la fabrique de Pésaro, à reflets rouge feu et irisés. Le bord est orné d'imbrications et le milieu offre le sujet du malin pasteur faisant un accord avec le loup; au-dessous une inscription placée sur un cartouche, dont voici le sens : **Malheur au trou-**

peau quand le berger et le loup sont d'accord. Ce plat est mentionné dans *Passeri*, au Chapitre VII. Diam., 38 c.

41 — Plat creux de la fabrique de Pesaro. Au milieu un personnage debout, vêtu d'une armure du XVIe siècle, tient d'une main une masse d'armes et de l'autre un bouclier très-riche d'ornements. Bel émail à reflets métalliques. Diam., 37 c.

42 — Autre grand plat de même fabrique. Au milieu un cavalier armé de toutes pièces, tenant sa lance en avant. Diam., 41 c.

43 — Grand plat de la fabrique de Deruta avec ornements faisant légère saillie sous l'émail. On voit sur un cœur les lettres A. S. Diam., 43 c.

44 — Grande coupe festonnée. La peinture représente un sujet de l'Ancien Testament; au revers une inscription indique le sujet. Diam, 30 c.

45 — Plat creux décoré de trophées en grisaille sur fond bleu. Diam., 30 c. — Plus une petite assiette représentant un guerrier combattant un monstre. Diam., 24 c.

46 — Grand plat fracturé de la fabrique de Faenza, avec belle bordure d'arabesque sur fond bleu, au milieu la Sainte-Famille, et au bas une inscription. Plus un plat fracturé dans un cadre noir.

46 bis. — Plateau à dessins camaïeux bleus d'après l'antique; imitation anglaise de la fabrique d'Italie.

47 — Vase forme potiche décoré de fleurs. Au milieu un médaillon avec un buste d'homme coiffé d'un casque très-riche. Fabrique de Faenza. Haut., 33 c.

48 — Deux vases de pharmacie munis de deux petites anses ornées de mascarons. La panse du vase

est décorée de trophées sur fond bleu et d'un médaillon à fond jaune sur lequel est représentée Vénus debout sur un dauphin, date de 1529. Haut., 18 c.

49 — Deux vases de pharmacie décorés de fleurs. Haut., 22 c.

50 — Deux vases fond noir fabrique italienne. Les anses, surélevées, sont formées d'enroulements; la panse est décorée de fleurs et d'un buste de saint. Peinture à l'huile. Haut., 23 c.

51 — Coupe d'accouchée munie de deux anses et décorée d'arabesques fantastiques sur fond bleu. A l'intérieur un sujet relatif à la circonstances Fabrique d'Urbino. Haut., 10 c.; diam., 15.

52 — Salière ovale ayant la forme d'un vase orné de mascarons.

53 — Salière carrée, ornée d'arabesques sur fond blanc et de syrènes en relief aux quatre angles. Haut., 10 c.

54 — Deux pièces. Un plat creux décoré de trophée, en grisaille sur fond bleu. Au milieu un Amour sur un nuage. Diam., 28 c. — Une coupe festonnée, décorée de feuillages sur des fonds de couleurs variées. Au centre un Amour. Diam., 27 c.

55 — Plateau à piédouche élevé. Esther devant Assuérus. Diam., 28 c. — Plus une coupe en forme de conque offrant à l'intérieur Neptune sur un dauphin.

56 — Trois coupes festonnées décorées d'arabesques fantastiques. Diam., 25 c.

57 — Deux plateaux à piédouches élevés, décorés d'arabesques sur fond blanc. Diam., 25 c.

58 — Trois petits plats variés, dont un garni de trois godets fixes. Diam. **22 c.**
59 — Deux petites assiettes décorées de peintures très-fines, sujets allégoriques, rehaussées d'or. Fabrique de Castel Durante. Diam., **20 c.**
60 — Petite aiguière s'emplissant par dessous, ayant la forme d'un oiseau, surmontée d'un personnage tenant un livre et coiffé d'un tricorne. Faïence brune. Haut., **21 c.**
61 — Statuette de Moïse debout tenant les Tables de la Loi; à ses pieds un lion couché. Fabrique de Faenza. Haut., **33 c.**
62 — Bouteille à long col bleu clair, portant sur le devant une armoirie dessinée en or et rehaussée de blanc. Haut., **36 c.**
63 — Grande et belle coupe à piédouche avec anses formées par des mascarons et des serpents. Elle est à côtes et décorée à l'intérieur et à l'extérieur d'arabesques fantastiques d'un très-beau style sur fond blanc. Haut., **26 c.**; diam., **40 c.**

FAÏENCES DE BERNARD PALISSY.

64 — Petit plat rond décoré d'ornements en relief; entrelacs palmettes et mascarons très-fins émaillés de diverses couleurs. Diam., **24 c.**
65 — Petite saucière de même fabrique. Elle est de forme oblongue et présente, dans le fond, les figures de Bacchus et de Cérès debout; le haut est orné de sept fleurons; le tout est émaillé de couleurs variées. Long., **18 c.**

FAÏENCE DE PERSE.

66 — Très-grand bol décoré de fleurs en dedans et en dehors. Diam., **40 c.**

67 — Petit pot anse et goulot, décoré de palmettes sur fond blanc. Haut., 13 c.

GRÈS DE FLANDRE.

68 — Pot à bière fond brun, décoré de palmettes faisant relief et émaillées en couleur. Le devant de la panse est orné du buste de deux personnages richement costumés, émaillés en couleur et rehaussés d'or. Haut., 21 c.

69 — Petit pot à bière de même forme et décor analogue. Haut., 15 c.

70 — Pot à bière de forme cylindrique basse, grès brun, offrant au pourtour les figures en pied des douze Apôtres en relief et émaillées en couleur avec inscription au-dessus. Au milieu une armoirie très-fine. Couvercle en étain. Haut., 16 c.; diam., 16 c.

ÉMAUX DE LIMOGES.

71 — Grand plat ovale. Le sujet, placé en hauteur, représente la mort d'Abel. Belle peinture en grisaille teintée; le bord est orné d'arabesques fantastiques d'une grande légèreté et d'un beau style, et de quatre médaillons formant bossettes à fond bleu clair, ornés de divers sujets en grisaille. Au revers un buste de femme au milieu d'arabesques très-riches. Tous les détails de ce beau plat sont rehaussés d'or. Il peut être attribué à Pierre Courtois. Long., 48 c.; larg., 39 c.

72 — Coupe ronde munie de son couvercle. La peinture, grisaille teintée sur fond bleu, offre à l'intérieur un combat tiré de l'histoire grecque, à l'extérieur des arabesques. Le couvercle offre, à l'extérieur, l'enlèvement d'Hélène, et à l'intérieur, quatre bustes d'hommes et de femmes, des arabesques en grisaille et or. Le bouton du couvercle, formé de feuillages et d'un serpent, est en argent doré. Haut., 20 c.; diam., 20 c.

73 — Coupe basse munie de deux petites anses. Peinture grisaille rehaussée d'or. Au milieu est représenté Orphée charmant les animaux; le dehors est décoré de mascarons et de feuillages, ainsi que d'un paysage. Signé I. L. (Jean Landin). Diam., 15 c.

74 — Autre coupe semblable.

75 — Petit miroir à six pans, monté en cuivre doré, orné d'une plaque d'émail à paillons de couleurs variées. Au milieu l'amour Psyché. Haut., 9 c.; larg., 7 c.

ÉMAUX VÉNITIENS.

76 — Plat rond à ombilic orné de cannelures et de carderons. La décoration, très-riche en or sur fond bleu et blanc, est d'une belle conservation. Diam., 40 c.

77 — Aiguière décorée d'ornements dorés sur fond bleu. Haut., 30 c.

78 — Hanap à huit pans, anse et goulot. Ornements d'or sur fond bleu. Haut., 20 c.

79 — Petit bassin orné de cannelures. Ornements d'or sur fond vert, blanc et bleu. Diam., 27 c

ÉMAUX CLOISONNÉS DE CHINE.

80 — Joli vase fond bleu turquoise, décoré de fleurs de couleurs variées. Les anses, à têtes de dragons, en cuivre doré. Haut., 23 c.

80 bis. — Beau vase fond bleu turquoise, décoré de fleurs et d'arabesques en émaux de couleurs variées. Haut., 30 c.

81 — Espèce de candelabre ou de lampadaire muni d'un bassin placé au milieu de la tige. Émail bleu turquoise décoré de fleurs de couleurs variées. Un lézard en cuivre doré grimpe après la tige. Haut., 40 c.

81 bis. — Bol fond bleu, décoré en dedans et en dehors de fleurs et d'imbrications. Diam., 20 c.; haut., 10 c.

VITRAUX SUISSES.

82 — Petit vitrail à peinture coloriée représentant le serment des trois Suisses. Au bas, des armoiries. Haut., 40 c.; larg., 30 c.

83 — Autre petit vitrail colorié. Armoiries avec inscription et date de 1646. Haut. 31 c.; larg. 20 c.

VERRERIES DE VENISE.

84 — Coupe à couvercle de très-jolie forme, décorée de rayons de filigrane blanc. Haut., 18 c.; diam., 18 c.

85 — Grand plateau rond à piédouche élevé, décoré de guirlandes de fleurs gravées à la pointe et d'un entrelacs en émail bleu. Diam., 33 c.; haut., 11 c.

86 — Autre plateau semblable, moins grand. Diam., 29 c.

87 — Petit plateau à piédouche élevé, orné d'un entrelacs en émail bleu. Diam., 20 c.

88 — Deux coupes basses festonnées et ondulées, à piédouches très-élevés, verre blanc uni. Haut. de la plus grande, 23; diam., 17 c.
89 — Beau verre forme calice, orné de gravures à la pointe de diamant, représentant un cerf, des oiseaux et des arbres, travail délicat d'une parfaite exécution. Le pied, élevé, est formé par des serpents enlacés en verre filigrané de couleur. Cette pièce rare provient de la collection Bernal, de Londres. Haut., 30 c.
90 — Verre à champagne très-élevé, en verre violet; le pied à balustre en verre blanc. Haut., 31 c.
91 — Joli vase à deux anses en verre agate brun veiné de gris. Haut., 23 c.
92 — Vase forme barrique avec couvercle et piédouche orné de mascarons et de rosaces en relief, avec arabesques d'or. Haut., 30 c.
93 — Garniture de trois vases de forme élégante, en verre brun moucheté de blanc et or, imitation du granit. Haut. du plus grand, 23 c.; haut. des deux autres, 17 c.
94 — Verre à couvercle, forme calice, en cristal taillé et gravé, avec décoration d'arabesques en or placées entre deux verres. Travail fin et d'une exécution soignée. Haut., 24 c.
95 — Vase à couvercle et piédouche, forme de poire, à filigrane blanc disposé en bandes verticales. Haut., 21 c.
96 — Verre forme calice, à pied élevé formé de bulles superposées. Haut., 28 c.
97 — Verre évasé flambé d'émail blanc. Le pied est orné d'ailerons en verre bleu. Haut., 19 c.
98 — Vase orné de cercles d'émail blanc. Le pied, en forme de balustre, est en partie pénétré de filets d'émail blanc. Haut., 17 c.

99 — Verre à pied élevé, à filets blancs entrecroisés et bulles d'air. Haut., 17 c.
100 — Jolie petite bouteille de forme très-élégante, décorée de cercles et de côtes à filigrane blanc. Haut., 20 c.
101 — Joli verre de forme évasée, à pied élevé, orné de cercles et d'entrelacs à filigrane blanc. Haut., 15 c.
102 — Flacon carré en verre agate moucheté d'aventurine. Le bouchon garni en argent. Haut., 24 c.
103 — Joli verre forme calice à pied élevé, à filigrane blanc d'une grande finesse. Haut., 17 c.
104 — Pot à eau muni de son couvercle, verre blanc opaque moucheté de bleu et de violet. Haut., 21 c.
105 — Aiguière à ouverture à trèfle avec anse et goulot, ornée de mascarons dorés à mufle de lion, de cercles et de rosaces en verre bleu. Haut., 22 c.
106 — Verre dont le pied élevé est orné de deux petites anses, couvert d'ornements et d'armoiries gravés à la pointe. Haut., 19.
107 — Verre à couvercle de forme très-élégante et bizarre, avec ornements en verre bleu. Haut., 20 c.
108 — Flacon à couvercle en verre blanc, décoré de fleurs gravées à la pointe, muni de deux petites anses bleues. Haut., 13 c. — Plus un petit vase à ouverture à trèfle, en verre blanc. Haut., 15 c.
109 — Coupe à six lobes, en verre blanc, ornée d'un cercle à filets blancs. Le pied, à balustre, est orné de mascarons à mufles de lion. Haut. 11 c.

110 — Verre évasé à pied élevé, orné de deux petites anses et de deux anneaux mobiles en verre bleu. Haut., 11 c.

111 — Une coupe basse à pied élevé en verre craquelé. Haut., 14 c.

112 — Verre à pied élevé forme de balustre, en verre craquelé très-fin. Haut., 11 c.

113 — Bouteille à long col mince, en verre bleu. Haut., 22 c.

114 — Vase à couvercle de forme basse, muni de deux anses verre blanc, orné de cercles saillants. Haut., 12 c.

115 — Vase ovale de forme bizarre, à filigrane blanc entrecroisé. Haut., 11 c.; long., 19 c.

116 — Deux verres : l'un, à huit pans, de forme très-évasée, a le pied formé de serpents avec ornements bleus; l'autre, rond, de forme évasée, est orné de dorures.

117 — Vase de forme élancée, en verre agate, brun veiné de verdâtre. Haut., 22 c.

118 — Une carafe cannelée en verre blanc et un flambeau bougeoir à une anse; verre blanc.

119 — Deux coupes à pieds élevés, l'une gaufrée, et l'autre unie a le pied orné de mascarons. Haut., 15 c.

120 — Coupe à côtes très-saillantes; le pied a des ornements en relief avec dorure; et un verre de forme cylindrique, orné de mascarons et de cercles saillants dorés. Haut., 9 c.

121 — Coupe basse gaufrée, en verre bleu verdâtre, munie de deux petites anses blanches. Diam., 11 c.

122 — Coupe basse à côtes, en verre blanc, ornée d'une bordure émaillée en bleu et blanc, sur fond doré. Diam., 19 c. — Plus un verre de même décor.
123 — Petite assiette en verre craquelé. Diam., 19 c.
124 — Verre très évasé à pied élevé, verre craquelé. Haut., 12 c.
125 — Coupe ovale à pied élevé; à l'intérieur un tube enroulé sur lui-même est orné d'un filet bleu tourné en spirale; il forme biberon et sifflet. Haut., 14 c.
126 — Trois jolies pièces fracturées, deux coupes et une petite burette flambée de blanc sur fond vert.
127 — Coupe basse à piédouche. Le bord est orné d'émaux sur fond doré; et au centre est un médaillon émaillé représentant un cerf. Diam., 22 c.
128 — Moyen plat décoré d'arabesques gravées à la pointe, et de cercle à filigrane blanc et bleu, avec sablé d'or. Diam., 18 c.
129 — Assiette à filets bleus et blancs, disposés en spirale. Diam., 22 c.
130 — Seau à anse mobile, à filets blancs entrecroisés. Haut., 15 c.; diam., 19 c.
131 — Cornet de chasse à filets blancs, les tenons en verre bleu. Long., 39 c.
132 — Deux gobelets en verre jaune, décorés de fleurs et d'oiseaux gravés à la pointe. Haut., 8
133 — Vidrecome en verre agate, brun, veiné de gris et d'aventurine, belle qualité. Haut., 12c
134 — Trois flacons, dont deux en verre rubis et un en verre jaune. Haut., 11 c

135 — Deux gobelets en verre agate, brun, veiné de verdâtre.
136 — Deux tasses avec soucoupes, en verre aventurine, très-fines. Haut., 8 c.
137 — Vase à oignons, en verre lapis, de forme élégante et de belle qualité. Haut., 15 c.
138 — Deux gobelets de forme évasée : l'un en verre lapis, l'autre brun moucheté d'aventurine. Haut., 8 c.
139 — Deux pièces en verre lapis; une clochette dont le battant manque, et un petit vase cylindrique.
140 — Trois pièces imitant le métal, d'un jaune d'or très-éclatant : deux salières et un flacon.
141 — Deux tasses avec soucoupes, en verre blanc translucide, moucheté et veiné de bleu.
142 — Une jolie petite bouteille en verre blanc presque opaque, décorée de bouquets de fleurs en or. Haut., 15 c.
143 — Une tasse et sa soucoupe en verre de même qualité et décor que l'objet précédent.
144 — Bouteille à dessins gaufrés et flambés d'émail blanc; le col, courbé et tordu, est formé de trois tubes; et l'orifice, évasé, est orné de cercles en émail bleu. Haut., 24 c.
145 — Autre bouteille semblable, moins grande. Haut., 19 c.
146 — Deux verres de forme évasée, ornés de fleurs gravées à la pointe; les pieds, à balustre, sont ornés de petites anses bleues. Haut., 18 c.
147 — Un verre évasé à pied élevé, orné de deux petites anses, et une bouteille dont le long col est à côtes avec ornements à jours. Hauteur, 19 c.

148 — Un verre orné de fleurs gravées à la pointe. Le pied est orné de deux petites anses bleues. Haut., 18 c.
149 — Deux verres à pieds élevés; l'un est gravé, l'autre est orné d'un cercle bleu. Haut., 16 c.
150 — Deux verres à pieds élevés; l'un, en verre opale, est à côtes; l'autre en verre blanc gravé. Haut., 17 c.
151 — Deux bouteilles à cols minces, flambées d'émail blanc. Haut., 15 c.
152 — Deux verres blancs, minces et très-légers, ayant la forme de fleurs à calices. Haut., 16 c.
153 — Trois vases en verre blanc, chargés d'ornements en relief et à jour.
154 — Trois pièces. Un vase à oignons en verre rouge et deux petites bouteilles bleu turquoise.
155 — Deux pièces. Un vase de forme bizarre avec ornements bleus, et une coupe en verre blanc uni, à pied tordu très-élevé.
156 — Trois gobelets de formes variées, à filigranes blancs.
157 — Deux vases à oignons, en verre agate brun rougeâtre, moucheté d'aventurine. Haut., 14 c.
158 — Trois flacons. Un en verre opale, les deux autres flambés d'émail blanc.
159 — Une coupe à anse, ornée d'un cercle jaune, et un petit pot à anse, orné de cercles jaunes.
160 — Deux tasses de forme très-évasée, avec soucoupes en verre agate très-belle qualité.
161 — Deux autres tasses de même forme, avec soucoupes, en verre brun opaque.
162 — Deux petits flacons forme gourde, en verre lapis.

163 — Deux pièces. Une petite coupe en verre bleu, dont le pied blanc a deux petites anses bleues, et un verre rouge dont le pied est blanc.

164 — Une coupe et sa soucoupe, plus une petite bouteille en verre jaune orangé presque opaque.

165 — Trois pièces. Un gobelet à deux anses en verre craquelé; un vase forme gourde avec anses de suspension, orné de gravures; et une lampe à quatre becs.

166 — Un gobelet et une petite tasse en verre lapis.

167 — Sept pièces variées, dont deux gobelets et deux flacons.

168 — Un très-grand plat en verre blanc, décoré d'une riche bordure de rinceaux, gravés à la pointe de diamant. Pièce remarquable par son volume et sa perfection. Diam., 59 c.

169 — Grand bassin à filigrane blanc, en rayons disposés en spirale. Diam., 40 c.

170 — Grand bol en verre blanc, décoré de rinceaux à feuillages avec oiseaux. Très-belle pièce. Diam., 31 c.

171 — Grand plat en verre craquelé. Pièce parfaite. Diam., 38 c.

172 — Une carafe et un gobelet flambés d'émail blanc, avec cercle d'émail bleu au bord de l'ouverture.

173 — Deux autres pièces à peu près semblables.

174 — Vase forme bouteille, fond bleu veiné de brun et de jaune. Haut., 20 c.

175 — Vidrecome en verre blanc avec cercles rouges. Il est à double fond et renferme une médaille en argent de Léopold, archiduc d'Autriche.

176 — Deux pièces. Un grand gobelet en verre craquelé, et un vase forme carafe avec ornements en relief.
177 — Plateau à pied élevé, orné d'arabesques gravées à la pointe et d'un cercle d'entrelacs bleus. Diam., 29 c.
178 — Trois assiettes, l'une à filigrane blanc, une en verre agate, et une en verre craquelé.
179 — Grande coupe à piédouche et à côtes, ornée de cercles bleus et d'une bordure sablée d'or, le pied est violet. Diam. 26 c. ; haut. 14 c.
180 — Autre grande coupe à piédouche en verre entièrement filigrané. Diam. 26 c.; haut. 13 c.
181 — Bassin à douze côtes, entièrement filigrané. Diam. 27 c : haut. 9 c.
182 — Trois carafes variées, deux à filigrane blanc, et une à six pans est zonée de couleurs variées. haut. 22 c.
183 — Lampe de suspension munie de ses chaînes; fracturée.
184 — Coupe basse à piédouche, ornée d'une bordure émaillée. Diam. 22 c.
185 — Coupe ronde, décorée d'ornements en relief en émaux de couleurs, et un couvercle. Diam. 18 c.
186 — Coupe basse ou plateau à piédouche, à filigrane blanc très-délicat. Diam. 24 c.
187 — Petit plateau à piédouche, flambé de blanc. Diam. 15 c. Plus un vase à deux anses.
188 — Deux vases en verre bleu, dont un à deux anses. Haut. 24 c.
189 — Deux carafes en cristal taillé, ornées de médaillons incrustés, à dessins d'or sur fond rouge. Haut. 28 c.

190 — Grande aiguière à une anse et à côtes, ornée de dessins gravés. Haut. 30 c.
191 — Deux aiguières à anse, ornées de fleurs gravées. Haut. 27 c.
192 — Deux aiguières en cristal taillé, garnies en étain. Haut. 29 c.
193 — Deux aiguières en verre taillé, garnies en étain. Haut. 26 c.
194 — Deux bouteilles, forme de gourde, l'une en verre rubis, et l'autre en verre vert est munie d'une anse et d'ornements en relief. Haut. 30 c.
195 — Six pièces variées fracturées, dont deux seaux.
196 — Glace vénitienne avec bordure en bois doré, ornée de plaques en verre bleu avec ornements en verre étamé et gravé. Haut. 1 m. 24 c.; larg. 1 m. 4 c.
197 — Grand vidrecome allemand, avec peinture émaillée représentant la double aigle d'Autriche et les 56 écussons armoriés des villes électorales d'Allemagne. Haut. 30 c.
198 — Grand vidrecome allemand, émaillé, représentant un château fort et une chasse. Haut. 30 c.
199 — Grand vidrecome allemand, émaillé. La double aigle d'Autriche, avec les écussons armoriés des villes électorales d'Allemagne et la date de 1694. Haut. 27 c.
200 — Vidrecome allemand, émaillé. Armoirie et date de 1682. Haut. 25 c.
201 — Vidrecome allemand, émaillé, avec couvercle orné d'un écusson armorié, avec inscription allemande et date de 1702. Haut. 25 c.

202 — Joli petit vidrecorne allemand, émaillé, avec dorure et un riche écusson armorié soutenu par deux figures. Date 1660. Haut. 10 c.

203 — Joli petit verre allemand, émaillé, orné de deux riches écussons armoriés, avec date de 1644. Haut. 9 c.

OBJETS VÉNITIENS ET ORIENTAUX EN CUIVRE, REPOUSSÉS ET GRAVÉS.

204 — Grand plat avec aiguière, entièrement couverts d'ornements gravés d'un beau style. Ouvrage italien. Diam. du plat, 46 c.; haut. de l'aiguière, 27 c.

205 — Seau à eau bénite, ayant la forme d'un vase, avec anse mobile, couvert d'ornements gravés, avec écusson armorié. Haut. 20 c.

206 — Grande bouilloire en cuivre argenté, forme élégante, de style oriental, couverte d'ornements repoussés. Haut. 37 c.

207 — Deux autres bouilloires, à peu près de même forme et du même style. Haut. 35 c.

208 — Deux plats creux, ornements repoussés, de style oriental. Diam. 39 c.

209 — Grand plat italien du xvie siècle, entièrement couvert d'arabesques à rinceaux, avec figures et animaux gravés, avec incrustations d'argent, au milieu une armoirie. Diam. 50 c.

210 — Grand plat couvert d'arabesques gravées, de style arabe. Diam. 42 c.

211 — Autre plat du même style. Diam. 45 c.

212 — Grand plat à ombilic en cuivre argenté, couvert d'ornements très-riches, et de style oriental, repoussés. Diam. 48 c.
213 — Lampe de suspension, découpée à jour et gravée, munie de ses chaînes.
214 — Autre lampe, à peu près semblable.
215 — Lampe de suspension, à peu près semblable.
216 — Deux petites lampes, semblables aux précédentes.
217 — Seau, de forme basse, avec anse mobile, couvert d'arabesques gravées, de style oriental. Haut. 11 c.; diam. 23 c.
218 — Seau, de même forme que le précédent, couvert d'arabesques gravées, avec incrustations en argent. Haut. 11 c.; diam. 23 c.
219 — Deux bassins, couverts extérieurement d'arabesques gravées, de style arabe. Diam. 20 c.
220 — Petit plat, entièrement couvert d'arabesques gravées, au centre une armoirie. Diam. 25 c.
221 — Deux bassins, décorés en dehors et en dedans d'arabesques gravées.
222 — Boîte demi-sphérique avec couvercle, décorée d'arabesques gravées. Diam. 16 c.
223 — Deux coupes basses avec goulots allongés, ornées d'arabesques gravées. Diam. 18 c.
224 — Deux vases cylindriques bas, ornés d'arabesques gravées, dont un avec applications en argent. Diam. 17 c.
225 — Quatre petites coupes, décorées d'arabesques de style oriental.
226 — Quatre autres petites coupes semblables.
227 — Quatre petites coupes décorées d'arabesques et d'incrustations en argent.

228 — Boîte de forme cylindrique, couvercle à charnières; couverte d'ornements et de caractères arabes, avec incrustations en argent.
229 — Trois petites coupes ornées d'arabesques.
230 — Deux pièces, dont une coupe à ombilic à jour, avec ornements gravés.
231 — Cinq coupes en cuivre repoussé, style oriental, dont une est ornée d'émaux.
232 — Une bassinoire en cuivre repoussé, et une aiguière.
233 — Aiguière à ouverture en trèfle, décorée d'ornements gravés. Travail italien du xvie siècle. Haut. 29 c.
234 — Deux petits flambeaux vénitiens, du xvie siècle, ornés d'arabesques et d'incrustations en argent.
235 — Vase-biberon à côtes, avec anse surélevée; le goulot est orné d'un mascaron. Haut. 36 c.
236 — Une paire de flambeaux italiens, du xvie siècle, ornés de mascarons et de feuillages en relief. Haut. 20 c.
237 — Autre paire de flambeaux, couverts d'arabesques et d'incrustations en argent d'un travail très-fin, style oriental. Haut. 20 c.
238 — Grand bassin, espèce de brasero, de style oriental, couvert d'arabesques gravées. Diam. 30 c.
239 — Seau à anse mobile, couvert d'arabesques gravées, style arabe (l'anse manque). D. 24 c.
240 — Deux petits vases ou bassins, couverts d'arabesques gravées, et une petite bouteille repoussée et gravée.
241 — Une boîte, de forme cylindrique, et une coupe, décorées d'arabesques et d'incrustations en argent.

242 — Vase culinaire, ovale et à couvercle, couvert d'arabesques, de style oriental, entremêlées de caractères arabes. Haut. 11 c.; long. 27 c.; larg. 18 c.
243 — Groupe de figures. Personnage, en costume du xvi° siècle, terrassant un monstre.

OBJETS EN ARGENT.

244 — Grand médaillon, bas-relief repoussé, représentant Henri III, roi de France et de Pologne, fondateur de l'Ordre du Saint-Esprit, assis sur son trône, entouré de plusieurs personnages.
245 — Bas-relief circulaire, représentant le dévouement de Mutius Scævola. Diam. 18 c.
246 — Vidrecome allemand, à pied élevé et couvercle, très-riche d'ornements, repoussé et doré. Haut. 30 c. Pesant 500 grammes.
247 — Dix-huit boutons de gilet en filigrane.
247 bis. — Espèce de petit gril orné de plaques découpées à jour et gravées. Travail allemand du xvi° siècle.

OBJETS DIVERS.

248 — Jolie boîte carrée, en écaille blonde; le couvercle est orné d'incrustations en or et en burgau d'une grande délicatesse et d'un très-bel effet; la charnière est en or.
249 — Tabatière, de forme contournée, du temps de Louis XIV, en bois d'ébène sculpté, garnie en argent; le couvercle est orné d'un bas-relief en ivoire représentant Mars et Vénus.

250 — Jolie boîte ovale, en or émaillé, style Louis XVI, ornée d'une miniature sur le couvercle et d'arabesques, sur fond bleu-clair.

251 — Très-beau gobelet en cristal de roche, avec ornements pris dans la masse, d'un beau travail. Haut. 9 c.

252 — Très-petit gobelet en cristal de roche. Haut. 4 c. Plus un manche de cachet sculpté, en ivoire.

253 — Jolie petite canette à bière en cristal de Bohême: le couvercle et la garniture en argent, d'un très-beau travail du XVIe siècle, offrent des enroulements, des mascarons, très-finement ciselés, et la médaille de **Henri II, roi de France**. Haut. 12 c.

254 — Petite statuette en bronze florentin : Vénus debout, sur fût de colonne en cinabre (sulfure de mercure). Cette matière est travaillée très-rarement. Haut. 18 c.

255 — Petit monument emblématique, en marbre rouge antique de la plus belle qualité. Une figure d'Atlas sur un rocher, supporte un disque sur ses épaules, au centre duquel est Jupiter assis tenant la foudre; au pourtour sont représentés, en bas-relief, les signes du Zodiaque, et au-dessus un aigle; le tout reposé sur un piédestal orné de quatre bas-reliefs représentant des sujets allégoriques. Haut. 48 c.

255 bis. — Lampe italienne en bronze; tête de satyre sur une serre d'aigle.

256 — Horloge de voyage, en forme de montre, dont la boîte est en cuivre découpé à jour et gravé, avec bas-relief représentant l'**Adoration des Mages**. Epoque de Louis XIII. Diam. 13 c.

257 — Joli coffret du XVI° siècle, en fer, couvert d'arabesques en or et en argent d'un travail très-délicat.

258 — Deux pièces : un étui de gobelet en cuir gaufré, du XVI° siècle ; et une boîte à bougie (dite rat-de-cave), en fer découpé à jour et gravé, du XVI° siècle.

259 — Vase, forme d'urne, en terre cuite, de Clodion, orné de bas-reliefs, jeu d'enfants. Haut. 20 c.

260 — Joli petit bas-relief de Clodion. Femme, satyre dans l'ivresse, et deux jeunes satyres. Cadre doré. Haut. 15 c.; larg. 19 c.

261 — Autre bas-relief en terre cuite. Satyre, Bacchante et Enfants. Haut. 20 c.; larg. 24 c.

262 — Cassolette en laque noir, à dessins d'or, du Japon ; la monture, à trépied, est formée par des enfants adossés, en bronze doré, du temps de Louis XVI. Haut. 30 c.

263 — Deux cassolettes ovales, en vieux laque rouge, à dessins d'or et feuillages en relief, avec montures de style oriental, en cuivre doré. Haut. 22 c.

264 — Jolie petite marine, par *Vanden-Velde*, sur bois. Cadre doré. Haut. 8 c.; larg. 18 c.

265 — Deux jolis vases en porcelaine de Chine très-fine, décorés de fleurs sur fond vermiclé d'or, avec médaillons de mandarins. Haut. 22 c. 1/2.

266 — Deux statuettes en biscuit tendre de Sèvres, le petit jardinier et la petite jardinière. Haut. 21 c.

267 — Deux bouteilles, de forme élégante et à côtes, en porcelaine de Chine d'un décor riche, qualité ancienne. Haut. 23 c.

268 — Un cornet et deux vases, à côtes en spirale, décorés de fleurs. Porcelaine de Chine, belle qualité. Haut. 27 c.

269 — Deux petits vases, forme Médicis, en porcelaine tendre de Sèvres, fond bleu, à double médaillons à sujets, et ornés d'émaux transparents. Ils sont montés en bronze doré sur piédestal en porphyre rouge oriental. Haut. des vases, 7 c.; haut. totale, 18 c.

269 bis. — Deux bas-reliefs circulaires en bronze florentin représentant l'un le sacrifice d'Abraham, l'autre la Jeunesse et la Vieillesse.

270 — Douze devants de tiroirs et quatre petites portes, provenant d'un cabinet italien du XVIe siècle. Ils sont tous ornés de bas-reliefs, avec bustes et figures en cuivre repoussé et doré.

271 — Miroir rond, de toilette, avec son pied, en marqueterie de métal et ivoire, travail oriental.

271 bis. — Deux vases en émail de Chine, décorés de fleurs sur fond bleu turquoise, et de médaillons à sujets de mandarins, sur socles en bois de fer sculpté. Haut. 30 c.

272 — Deux bustes d'empereurs romains, en bronze italien. Haut. 29 c.

273 — Petit coffret du XVIe siècle, en cuivre gravé, avec serrure très-compliquée à l'intérieur.

274 — Une tasse et sa soucoupe en agate orientale.

275 — Deux salières en verre, à reflets jaune d'or.

276 — Petit plat ovale, à salières et têtes d'anges en relief. Faïence de **Bernard Palissy**.

277 — **Un petit plat en porcelaine de Chine; fleurs et oiseaux, peinture fine.**

278 — Deux vitraux ronds, à peintures grisaille, rehaussées de jaune, représentant, l'un, saint Jean prêchant dans le désert, et l'autre, la Décollation de saint Jean. Diam. 29 c.

279 — Coffret oriental, garni intérieurement de six tiroirs. Le tout marqueté en écaille et nacre de perle. Ouvrage très-soigné. Haut. 20 c.; long. 33 c.

280 — Vase en faïence à une anse formée par une figure renversée; la panse, à fond bleu, est ornée d'un sujet allégorique, de haut relief (l'Amour et un Lion), placé dans un cartouche au-dessus duquel est un mascaron à tête humaine. Fabrique italienne.

281 — Deux coupes à pieds élevés, en argent niellé, richement décorées d'arabesques rehaussées de dorures; au centre de chacune est un buste en costume du XVIe siècle. Haut. 12 c.; diam. 17 c.

282 — Ceinturon porte-sabre albanais en argent, orné d'arabesques en relief.

283 — Tabatière ovale en or émaillé, style Louis XVI: le couvercle est orné d'une miniature représentant un sujet romantique; le reste de la boîte est décoré d'arabesques très-délicates sur fond bleu.

284 — Montre du XVIe siècle, dont la boîte à six pans est en cristal de roche; la monture, en cuivre doré, est ornée d'arabesques très-finement gravées. (Provenant de la vente Debruge.)

285 — Une licorne en argent, petite statuette sur socle en cuivre doré. (Provenant de la vente Debruge.)

285 bis. — Groupe en terre cuite. Une Sainte assise, auprès d'elle une Lycorne. Beau travail italien du xvie siècle.

286 — Un taureau courant, jolie petite statuette en argent; le socle, en même métal, est orné de ciselures et de gravures. (Provenant de la vente Debruge.)

287 — Vase à deux anses en filigrane d'argent. Travail chinois d'une grande finesse. Haut. 22 c.

288 — Jolie statuette d'un saint évêque, en argent repoussé et en partie doré, d'un travail très-soigné; socle en bois. Haut. 16 c.

289 — Deux théières en bronze Tonkin, ornées de cartouches, à bouquets de fleurs en relief et dorés; les anses, les goulots et les couvercles sont ornés de branches de fleurs dorées. Haut. 22 c.

290 — Joli vase en métal de l'Inde, incrusté d'ornements très-riches en argent. Haut. 18 c.

291 — Autre vase semblable, plus petit. Haut. 16 c.

292 — Vase chinois, ayant la forme d'une fleur, avec ses branchages, en pierre de lard blanche, sur socle en bois de fer sculpté. Haut. 22 c.

293 — Groupe en ivoire, représentant Frédéric V, roi de Danemark, debout, foulant aux pieds l'Envie, sur fût de colonne cannelée, également en ivoire. Haut. totale 39 c.

294 — Deux statuettes en ivoire: Faune et Bacchante debout; l'un tient une flûte et l'autre un tambour de basque. (De la vente Debruge.) Haut. c.

295 — Groupe en buis : les Deux Lutteuses, travail flamand très-fin et rempli d'énergie Haut. 24 c. (De la vente Debruge.)

296 — Sculpture en ivoire, de haut relief, représentant le mariage d'un doge dans une chapelle. Ouvrage très-fin, du XVIe siècle.

297 — Buste d'un personnage de l'antiquité, en caillou d'Egypte. Bon travail. Haut. 7 c.

298 — Jolie coupe carrée, à quatre anses évidées et prises dans la masse, ornée d'oves et de cannelures, en marbre jaune antique. Haut. 18 c.; larg. 19 c.

299 — Coupe ovale, à deux anses évidées et prises dans la masse, ornée de cannelures, sur piédestal en marbre vert antique. Haut. totale, 20 c.

300 — Petite coupe ovale à gaudrons, ornée de deux mascarons, sur piédestal en marbre jaune antique. Haut. totale, 16 c.

301 — Très-jolie coupe ovale en marbre rouge antique, à cannelures évidées, et ornée de deux anses et de deux mascarons à têtes humaines, sur piédestal en même matière. Haut. totale 20 c.

302 — Deux coupes en granitelle antique, très belle matière, monture à trépied, en bronze doré, sur socle en granit rose d'Egypte. Hauteur totale, 24 c.; diam. des coupes, 19 c.

303 — Charmante statuette en terre cuite de Clodion, représentant une Bacchante tenant une coupe et des raisins. Haut. 39 c.

304 — Autre jolie statuette en terre cuite. Bacchante debout tenant une coupe et des raisins. Haut. 45 c.

305 — Deux jolies figures de bacchantes, couchées dans des poses très-gracieuses; terres cuites signées P. Michel. Long. 38 c.

306 — Beau groupe de cinq figures en pied et de ronde-bosse, exécuté en buis, représentant l'abdication de Charles-Quint en présence de l'empereur d'Allemagne. Ouvrage allemand très-remarquable du XVIe siècle.

307 — Deux grands vases en porcelaine de Chine laquée noire, décorée de paysages avec figures et kiosques en burgau du plus bel effet. Haut. 50 c.

308 — Deux autres beaux vases semblables.

309 — Vase en porcelaine, laqué et burgauté. Haut. 49 c.

310 — Plateau à piédouche, en faïence d'Urbino ; il est décoré d'arabesques fantastiques sur fond blanc, et offre au centre une figure allégorique en grisaille, sur fond noir. Diam. 21 c.

311 — Grand plat rond, décoré d'arabesques fantastiques sur fond blanc ; au centre un médaillon où est représentée la Charité. Diam. 44 c.

312 — Coupe, dont la peinture représente Samson tuant les Philistins avec une mâchoire d'âne. Diam. 25 c. Fabrique d'Urbino.

313 — Coupe festonnée, représentant Tobie, son fils et l'ange. Fabrique d'Urbino. Diam. 28 c.

314 — Deux petits cornets chinois en bronze, avec ornements en relief. Haut. 12 c.

315 — Une lampe à trois becs, supportée par une figurine en marbre rouge.

316 — Quadriptyque slavon en bronze, offrant dix-huit sujets de la Passion, en bas-reliefs, dont les fonds sont émaillés, avec inscriptions gravées indiquant les sujets.

317 — Croix double, du même travail que l'objet précédent, offrant le Christ en croix, et plusieurs sujets en bas-reliefs, et émaillés dans les fonds.

317 bis. — Croix byzantine avec Christ doré; elle est ornée, sur les deux faces, d'arabesques gravées et de médaillons émaillés, représentant des têtes de Saints d'une bonne exécution et d'un beau dessin.

ARMES.

318 — Poignard dont le fourreau, de forme triangulaire, en fer repoussé et découpé à jour, est orné de mascarons; la lame et la garde ornées d'arabesques et relief, ainsi que la poignée en ivoire sculpté, paraissent d'un travail plus récent.

319 — Une paire de pistolets dont les canons et la monture sont couverts d'ornements ciselés en relief, d'un très-beau travail; le bois, également sculpté, est en outre orné d'incrustations très-délicates en argent.

320 — Très-beau poignard turc, lame cannelée en damas fin, et damasquiné d'or; la poignée, en jade noir, est couverte d'arabesques incrustées en argent; le fourreau en argent doré.

321 — Grand poignard albanais, belle lame cannelée, ornée d'incrustations en or, poignée en ivoire; teint en vert, avec rosace en fer, damasquiné d'or; le fourreau, en cuir noir, est garni en fer damasquiné d'or.

322 — Sabre turc, dont la lame très-curieuse est bifurquée, et couverte d'arabesques et d'inscriptions arabes damasquinées d'or. La poignée et la garniture du fourreau sont du même travail.

323 — Sabre turc, belle lame en damas ronceux très-fin, poignée en corne; la croisette et la garniture du fourreau sont en damas gris orné d'arabesques damasquinées d'or.

324 — Un bouclier en peau de rhinocéros vernie et richement décorée.

325 — Poignard turc avec lame en damas, le manche recourbé en pâte de riz imitant le jade vert.

326 — Couteau et fourchette circassiens à manche d'ivoire dans un même fourreau, garni en argent niellé.

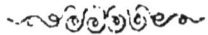

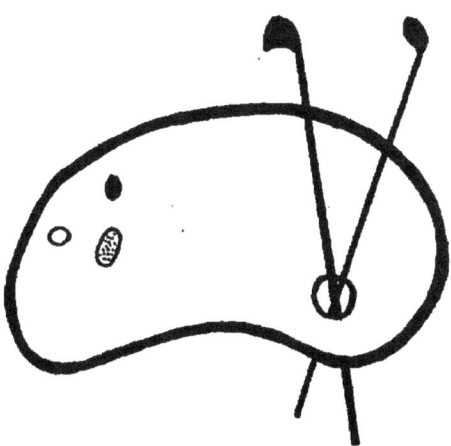

ORIGINAL EN COULEUR
NF Z 43-120-8

www.ingramcontent.com/pod-product-compliance
Lightning Source LLC
Chambersburg PA
CBHW050030230526
45470CB00003B/1204